ぼくと姪っこのづくり時間

イトウハジメ

中央公論新社

はじめに

　こんにちは、またははじめまして。イトウハジメです。

　ぼくのお仕事は「美術の先生」です。といっても学校の教壇に立ってお話しするのはごくわずかで、普段は森のような大学の研究室で、黙々と子どもの絵を研究しています。仮説を立てて調査をしたり、論文を書いて発表したり、いわゆる研究者というやつなのですが、そんな職業をよく知らない家族からは「なにそれ?」と言われます。

　この本は、そんな家族と暮らした数年間から生まれました。お手にとっていただき、誠にありがとうございます。

　ぼくの妹(ママさん)が結婚し、実家の父(じぃじ)と母(ばぁば)と共に暮らすようになったのは、ぼくがまだ大学院生だった頃でした。旦那さん(パパさん)はいつもにこやかで、釣りやサイクリングが趣味。どちらかというと内気で家に居るのが好きな妹とは、でこぼこだけど良い夫婦です。妹夫婦には、かわいい女の子2人が生まれました。ふみさん(ふーちゃん)とひよさん(ひよちゃん)です。姪っこ誕生を機にぼくも「おいたん」になり、実家に帰省して子育てに参加することになりました。しかし、赤ちゃんと子どもの差もよくわからなかった当時のぼくは、ろくに小さな女の子と遊ぶこともできませんでした。そこで自らの仕事である美術という切り口から、彼女たちとの対話を試みました。そんな「描いて・つくって遊んだ記録」が、Webサイト「HugMug」さんの企画により連載漫画になったのでした。

漫画のタイトルは「ぼくと姪っこのてづくり時間」。乳幼児期の子どもたちとの遊びは、まさに手を発見し、使い方・動かし方を模索していくような「手をつくる」時間でした。それは美術の原点を見つめるような、ぼくにとってもう一つの研究でもありました。

　さらに中央公論新社の編集者さんの手により、読者の方々に見やすい一冊にして届けていただくことになりました。ご尽力いただいた皆様に心より感謝申し上げます。何より、「子どもとの暮らしがこんなに素晴らしい」「子どもの成長はすごい」と教えてくれた妹夫婦や父と母に、たくさんの感謝を伝えたいと思います。

もくじ

第 ② 章

夏の海からサンタまで

四季を楽しむ工作編

042

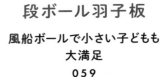

第 ③ 章

クレヨンぐりぐり　オシャレに彩る

お絵描き編

第 ④ 章

つくって楽しい　食べておいしい
お料理編
094

第 ① 章

紙をチョキチョキ
ねんどコネコネ

お手軽工作編

「チョットむつかしい」
「ふきふきちてよ〜」から
「こねこね〜♪」「うふふふ」になるまで、
手を動かしてできたときの
にやりとした顔がうれしくて、
ついつい忙しいときも
手を貸してしまうのです。

紙ヒコーキ

チョットむつかしいけど、わかればカンタン

先日、パパさんから紙ヒコーキをつくってもらい、
大喜びで飛ばしていた姪っこのふみさん。
ある日、おままごとしてくれる係の人（ぼくのことを多分彼女はそう思っている）が
テレワーク中だったのを良いことに、
紙ヒコーキを量産するよう頼まれ（半ば命令され）ました。
それなら一緒につくってみよう、と試みたところ……。

チョット
むっかちぃね…

覚えたばかりの「チョット」という言葉を用いて、
眉間にシワが寄ってしまったふみさん。
社長（※イメージ）が書類とにらめっこしているような
いっちょまえの表情。

チョット
こりゃ〜
むずかしい
ねぇ‥‥

はじめて見る紙ヒコーキの工程、
きっと驚いたことでしょう。

紙ひこうきの
手順

…を、
目を皿にして
見つめていた
ふみさん。

どうやら何度見てもお手上げと思ったらしく……。

チョット
むりだ
ねぇ〜

「渋い顔」を
してみせる
2歳児

紙ヒコーキ

最初は見ているだけを貫こうとしていた
慎重派のふみさんでしたが……。

チョット手伝ってもらいながら、
無事に完成したのがコチラでした。

ちなみにこの「チョット」は、
我が家にてたびたび登場しています。

封筒パペット

イヤイヤもいやすお手製うさぎ

「イヤイヤ」全盛期のふみさん。
お風呂もねんねもご飯も
「イヤイヤ」で、
怪獣に変身する毎日です。

ふぎゃああぁ ぁ...

家族でお出かけの日、「お着替えイヤイヤ怪獣」で暗雲が立ち込めた我が家……。
その空気を察してか、おいたんの部屋から見知らぬうさぎが出てきました。

あっ

どうも…

封筒パペット

※「おいたん」ことぼくの、ネーミングセンスの無さは、ここではスーッと流していただければ幸いです。

ひとまず名前を明かしあって、
他人ではなくなったらしい2人……。

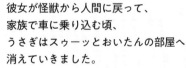

彼女が怪獣から人間に戻って、
家族で車に乗り込む頃、
うさぎはスゥーッとおいたんの部屋へ
消えていきました。

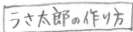

小麦粉ねんど

カラフル＆お口に入れてもあんしん

手がベタベタしたり、汚れたり……
といったことが、わりと苦手なふみさん。

一緒に工作はまだ先かな〜と思っていたら、
ホームセンターで出合いました。

試しに使ってみると、
ベタベタが少なくスッキリな使用感。

そこでふみさんに見せてみると……

あっという間に、
ぼくの声なんぞ届かなくなる熱中ぶり。

小麦粉ねんど

「それなぁに？」と聞いてみると……

予想の斜めうしろからの回答……

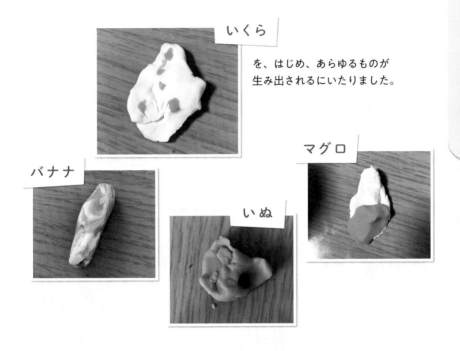

いくら

を、はじめ、あらゆるものが
生み出されるにいたりました。

マグロ

バナナ

いぬ

翌日、お昼ごはんのおいなりさんを……

コラッ

こねこね〜♪

すっかりねんどにのめり込んだふみさんなのでした。

てづくりコマ

最近、かわいいシールにハマりまくっている姪っこ。

好きすぎて自分の顔に貼りつける始末。

家中に貼られたシールを、
夜な夜な剥がしていくのが
ママさんの仕事になりつつあります……。

そこで、シールを貼って遊べる
カンタン工作をすることにしました。

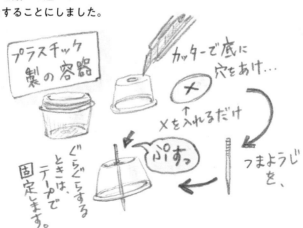

ここにシールを
ペタペタ貼って
いきましょう。

うふふ…

すごく几帳面なふみさんらしく、
ゆっくり丁寧に貼っていきます。
これを回すと……

くるっ

！

シュシュ〜

くるくる回るシールにちょっとテンションがあがるふみさん。

我が家のシールブームにまだ終わりはなさそうです……（笑）

トムとジェリー

『トムとジェリー』の実写映画がはじまったことを知り……

あのドタバタ劇をなつかしく思いながら帰宅してみると……

1歳と3歳の逃走劇は、
必ずどちらかが大泣きして幕をとじます。

ということで、今回は「おいかけっこ」がテーマの
おもちゃをつくることにしました。
用意するのは、紙コップと透明のカップ。
他にもお家にある手軽なもので代用できます。

これをネコとネズミに見立てて、
容器の底に磁石をつけます。

動く様子が写真だと
わかりにくいですが……
実際に遊んでみると、
下のような感じです。

「やったー！ 成功だー！」と思ったら……

我が家では結局こうなるのでした……。

おそうじグッズ

夜の我が家のリビングは、
いつも嵐が過ぎ去ったあとです。

とりわけ最近、次女のひよさん(1歳)が
「ビリビリ」にはまっていて……

ということで今回は、ママのお片づけのお手伝いができる
アイテムづくりにチャレンジします。

そろそろふみさんにハサミを使わせたいなぁと思っていたおいたん。

そこで今回の工作ではハサミの使い方をマスターすることを目標に。

 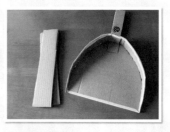

準備する物も、今回はちょっと多めで、画用紙（ハサミを入れる場所に線を引いたもの）と子ども用ハサミ、ちりとり（ぼくがつくっておいたもの）とほうきの持つ部分になる段ボールを用意しました。

真剣なとき眉間にしわよりがちガール

まずはハサミの動かし方を少し練習。
（ひらいて……にぎって……ひらいて……が、最初はちょっと難しいようでした。）

少し慣れてきたら、さぁ本番！

シャキーーーン……
几帳面なふみさん。
線からずれるたびに
眉間のしわが濃くなっていきましたが……

画用紙2枚を切り終わる頃には、汗だくになっていたふみさん。
がんばりました。
切った画用紙をまるめて子ども用ほうきの完成です。
実際に使ってみると……。

ゴミを見つけると……
近頃「おそうじロボ」的なふみさんです。

トントン相撲

先月のクリスマスイブはすっかり仕事に追われ、
プレゼントの用意が間に合わなかったおいたんサンタ。
そのぶん、年明けはたっぷり遊ぼうと思っていたのですが……

身が持ちそうにないので、工作タイムを挟むことにしました。

お菓子の箱やティッシュの空き箱などを使って、
気軽にてづくりできる「トントン相撲」。
折り紙や、工作キットを使ってつくることもできます。
ひとまず折りたたんだ画用紙と空き箱で「トントン」を体験してみると……

指先の「トントン」に程よい力加減が必要な、
大人も楽しめる遊びだなぁと実感しました。

3歳のひよさんの場合、土俵の方が負けてしまうこともわかりました。

そこで今回は、がっしりした段ボールを土俵に選び、
思い切り叩ける工夫をしてみることに。

横向きの人を描くのはまだ難しいので、
お相撲さんの形は輪郭線を参考に
イメージしていきました。

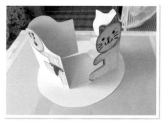

さぁ、いざ遊んでみると……？

「のこった、のこった〜!!」と大騒ぎの2人に、
お昼寝中だったじぃじもビックリ。
「トントン相撲」というより、「バンバン相撲」になりました（笑）

負けたお姉ちゃんは、思わず涙……。

負けず嫌いな女の子たちと過ごす、
騒がしい年明けになりました。

紙のお花づくり

ハサミと紙でできる乙女化計画

仕事の都合により、実家から遠くへ
引っ越したおいたんですが……

姪っこたちがどうしているか、いつも気になってしまいます。
先日、所用で少しだけ実家へ立ち寄ってみると……

「工作の人」だとしっかり覚えてくれていたので、安心しました。
この日は少しの時間で春らしく、簡単にできるお花をつくることに。
また、3歳になったひよさんはハサミデビューです。

ハサミにすっかり慣れたふみさん（5歳）は、自分でサクサク切っていきます。

一方、ハサミをはじめて扱うひよさん。
手元をよく見ておくことはもちろんですが、慣れるまでは腕が横へ開いてしまうので、
後ろから抱え込むようにして姿勢をキープしてあげると良いです。

クレヨンと画用紙、そしてハサミでザクザクやっていたら、
いつのまにかひよさんの作品ができあがり。

そしてふみさんの色紙も、ストローにクルクル巻きつければ、
「紙のお花」の完成です。

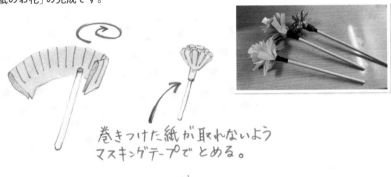

巻きつけた紙が取れないよう
マスキングテープでとめる。

お花をもっと
乙女になる人たち

工作をしていると、時間が過ぎるのはあっという間。

「もうちょっと遊ぼうよ」という姪っこたちと
サヨナラするのは寂しいですが……。

我が家の美術室

　「片づけるのに片づかない」。これはぼくの実家の七不思議で、大人にとっては難儀なことです。しかし小さな姪っこたちにはそう嫌なことでもないようで、どうやら家の中は楽しい遊び場のようです。敷きっぱなしの布団の上は飛び跳ねるのにちょうどいいし、障害物をかき分けながら走るのはスリルがあるし、洗濯物の山の中へ隠れることもできます。それに呑気なおいたんが、床に散らばる玩具の欠片を踏んづけるのも面白い。

　ただ、「よし、なにかつくろうか」なんて言うときは、姪っこたちもうーんと考えます。そしてまず「紙を広げられそうな場所はあるかな」と探します。リビングのテーブルが空いていればいいけど、ダメならばぁばの小さな机。それもダメなら床とか何かの椅子の上です。しかしたくさんの人が住む家なので、貴重な場所はすぐに片づけられたり移動したりしてしまいます。

　ある日、ぼくも「長い時間集中できる小さなスペースがあった方がいいな」と思って、近所のスーパーから段ボール箱をもらってきました。「これが美術の机だよ」と言って3人で座ってみると、小さな彼女たちの背丈にどうやらぴったりです。それで、その日から「その段ボールがある場所」が美術室になりました。またある日、クレヨンでひたすらグルグルとやっていたひよちゃんが、「これをかざって」と言いました。たまたまがらんと空いていたおいたんのクローゼットに、マスキングテープでペタッとやったところ、絵を飾るのにぴったり。彼女たちもすすんでクローゼットにペタペタやるようになりました。それで、美術の机もその前に移し、ぼくの部屋はすっかり美術室ということになりました。

　職場も家も美術室。なんだかぼくがいる場所は、結局こんな感じなんだなと、ちょっと眉が下がっています。

第 (2) 章

夏の海からサンタまで
四季を楽しむ
工作編

「海がつくりたい」「どんぐり拾ってきた」

「お正月あそびしよ」

小さい子のいる家では、

1年通してたくさんのオーダーが入ります。

季節ごとのお祝いを彩るものを

一緒につくると、

その年の「思い出」としてのこるので、

とってもオトクな時間です。

クジラのバランスボール

夏ならではの工作といえば……

ぼくの授業では、絵の具が主役になることが多いです。

準備＆片づけの手間がかかるので、
学生からはやや嫌われ気味の絵の具……。
だけど涼しげな絵の具の色味は、やっぱり夏にピッタリです。

毎年、大量に余ってしまう
学生たちの染め紙や吹き流し絵。
処分するのももったいないと
考えていたところ……。

クジラのバランスボール

まだ海へ行ったことのないふみさん。
そこで今回は、「海を体感しよう」をテーマに、
等身大クジラで遊んでみることにしました。

「海をつくる」……？

ザッパーンッ

こちらの3点を準備しました。

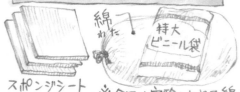

綿
（ぬれた）

特大
ビニール袋

スポンジシート
（厚さ5mmくらい）

※今回は実験もかねて綿をたくさん
準備しましたが、新聞紙で十分
代用できます。

「おそうじグッズ」（P28）でハサミを覚えたふみさん。
スポンジシートにお魚さんを下書きし、
チョキチョキタイムです。

こちらはクジラのおめめ。

等身大クジラにするため、
特大ビニール袋に綿とお魚さんを
詰めていきます。

さらに尾ひれをつければ……

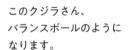

このクジラさん、
バランスボールのように
なります。

グラグラしていて
楽しい!

さらに海の雰囲気を出すため、
ぼくの方で染め紙のシートを
つくっておきました。

クジラのバランスボール

卒業生たちが残していった染め紙を貼り合わせれば、
綺麗な一枚のシートが完成。

ふみさん「これなに?」
ぼく「海だよ」
ふみさん「海は青いんでしょ?」
ぼく「青もあるし、いろんな色があるよ」
ふみさん「へー!! ならいいや!」
……と、お許しをいただきました。

それでは海で、
「クジラから落ちちゃいけないゲーム!」
のはじまりです。

絵の具の時間をがんばってくれた卒業生たちとも、
一緒にこのゲームがやりたかったなぁ〜と思いました。

どんぐりネックレス

100万円でも買う価値あり!?

ぽかぽか陽気、じぃじとばぁばのお買い物に、
ふみさんがくっついていきました。

その道中にある小高い原っぱに
立ち寄ったじぃじ。

のびのびした場所で、きっとふみさんも
喜ぶだろうと思った2人でしたが……

ママさんに似て、
けっこう几帳面なふみさんなのでした。
そこで、ばぁばが拾ってきたどんぐりを、
よく洗って泥を落とし、
隠れている虫さんを退治します。

あとはおいたんにバトンタッチ。

どんぐりが工作用に大変身!

あとはふみさんに紐を通してもらえば
(今回はマスク用のゴム紐を使いました)、
「どんぐりネックレス」の完成です。

その後、徐々にどんぐり拾いにも慣れていったふみさんなのでした。

ひよさんのリース

昨年はふみさんと「お菓子の家」（無印良品）をつくって楽しんだ12月（P107参照）。
あのお家を「ついこの前、つくりました」という感覚のまま、
丸1年が経ってしまいました。

そんなとき、ご近所の公園から帰還した
ひよさんが……

ひよさんのリース

アメリカのハンバーガーくらいあろうかという
松ぼっくりを拾ってきました。

一般的に、工作で大活躍の松ぼっくりですが、まずはその下処理が大切です。
他にも、冷凍したり煮沸したりすることで、虫さんを追い出す方法があります。

松ぼっくりおそうじ方法

① まずは、ブラッシング。　泥や小石をはらいます。　やさしくね

② 水と酢をはった洗面器に松ぼっくりを入れて、　おもしをのせるのがベター。

一晩おくと、虫さんが浮いてきます。

③ ぬれるとカサが閉じるので、しっかり天日干しして乾かします。　じわ〜

これをきっかけに、
「そうだ、もうすぐクリスマスだ」と
思い出した我が家一同。

これでツリーを作ろう！

細かい作業が大好きなパパさん

あれ？

でも ひよちゃんには無理だな....

しゅん....

ひよさんのリース

一方、まだお姉ちゃんのようにむずかしい工作には参加できないひよさん。

そこで、小さい子向け工作の強い味方、この方をお呼びしました。

この輪っかに絵の具で色を塗ると、こんな感じ。
紙皿を材料にしつつ、「紙皿っぽくない感」を出すのが、
カンタン工作のポイントです。

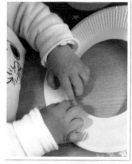

あとは、ペタペタ隊長におまかせ。

むずかしい顔をしながら、とことんシールを貼り尽くしました……。
さいごにリボンを通して、カラフルリースの完成です。

ドーナッツ！

穴から　ほっぺが
はみ出てる人

はじめて
の
作品展示。

ほ

ひよさん、初工作。おつかれさまでした！

パパさんの松ぼっくりツリーと共に、
我が家のクリスマス準備が整ったのでした。

段ボール羽子板

年明け前に散髪し、「うしろ姿が激似……」と
口々に言われるふみさん（姉）＆ひよさん（妹）。

テレビの前に
整列する人たち

さわらないで！！

マイルールに
厳格な人

わ〜〜

ルールなど存在
しない人

こわしたー！！

妹に泣かされる
おねえちゃん

しかし顔を合わせれば、
ケンカばかりの姉妹なのです……。

段ボール羽子板

そこで、2歳差の2人でも仲良く遊べるものはないかと考えていたお正月。
録画していた卓球の試合を見ていたところ、

2人でやる運動に思い至ったのでした。

ダンボールで作る 羽子板
カンタン はごいた

わりばしを
わらずに、
→
下のギザギザへ
差してみます。

ダンボールの
ギザギザが上下にくるよう
下描きをします。

ここにシールを
貼るだけでも
かわいく
できますご

せっかくなので、お正月らしく画用紙に絵を描き、
段ボールに貼りつけることにします。

2022年の干支にちなんで、
「寅を描こうよ」と、提案したところ、

トラを描いたら
ふーちゃん 泣くよ？

え…。。？

本気のトーン

断固として拒否されてしまったので、
（寅さん、ごめんなさい。）
今回はお姫様とうさぎさん、ネコさ
んになりました。

球の代わりに風船を使えば、
小さい子でも目で追って楽しめます。

ポヨヨン

生き物みたいに
動く風船さん

姉妹の間をゆるやかに動くピンクに、
なんだかみんなそろって、にやりとしたのでした……。

マグネット福笑い

おいたんと姪っこたちとの間で、最近沸騰している変顔対決。

笑い転げる妹と、なかなか粘る姉……。

マグネット福笑い

そんな変顔好きな2人とのお家時間。
「福笑い」で遊んだら楽しいだろうなぁと思う今日この頃ですが……

いざ実践しようとすると、楽しい想像よりも修羅場が勝ってしまいます……。

細かいアイテムを使う遊びは、ケンカはもちろん、片づけや紛失問題が心配です。

そんなある日、おいたんが足繁く通う生活雑貨店に……
「これがあった！」と小躍りするアイテムが。

今回は「マグネットシート」を
福笑いづくりに活用することにしました。
つくり方はとてもシンプル＆カンタンです。

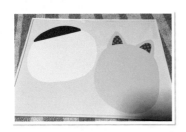

マグネットシートに画用紙を貼りつけて、
お顔のパーツを自由につくります。

※手順はhoiclue.jpも参考にしていますので、
　ぜひご覧ください。

マグネット福笑い

（吹き出し）くらさい くらさい

細かいお仕事に
前のめりな職人ふみさん

パーツをハサミで切って、
ホワイトボードにくっつけたら完成です。
細かいパーツが「パチ」と気持ちよく
くっついてくれるのがいいところ！

さぁさっそく、ふみさんと遊んでみると……

意外にも目隠ししたまま、
お顔をスイスイとくっつけていきます。
目隠しされたふみさんは、
ニヤニヤ……。

さぁ、おめめを開けてみると……?

まだルールが理解できない2歳のひよさんも、
パチパチ動くお顔に食いつきました。

2歳も4歳も、そして大人たちも、みんなで笑い転げたのでした。

番外編 ❶ タオルポンチョ

病気のときは、あたたかくして休みましょう

コロナとインフルエンザ、
両方怖いある日、
ふみさんが風邪をひきました。

ズビ…

というよりここ1ヶ月、
ずーっと風邪を繰り返しています。

三世代同居の弱点

風邪菌がぐーるぐる・・・・

てあらい
うがい
アルコール
消毒・・・・

そこで悩みに悩んだ女性陣から、
「とにかく身体をあたためるべし」
という御触れが出されました。

そしてふみさんのためにつくられたのが、
タオルを切って縫っただけの「タオルポンチョ」。

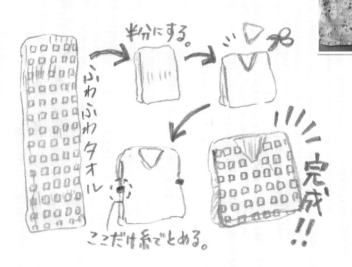

タオルだから、大量鼻水にも対応できます。
パジャマの上からかぶせてみると……

なんとなくかもし出される和風ホラー感は、さておき。

今は「早く良くなってね」と願いつつ、
みんなであたたかいおうどんをすする日々です。

第 ③ 章

クレヨンぐりぐり
オシャレに彩る

お絵描き編

うちの姪っこたちは、
女の子だからかオシャレに敏感。
身につけるものも、描いたものを飾るのも、
意欲的です。
ぼくには全然備わっていない感性で、
見ていてとっても面白い。
これからも、小さな姫たちを、
影ながら見守ります。

おしゃれ巾着

1歳の頃から好き嫌いがはっきり
していた我が家のふみさんは、

家族みんなの予想どおり、
4歳にして「おしゃれに超うるさい」女の子になりました。
そういうセンスに関してゴソッと欠落しているらしいぼくには、
ふみさんの乙女パワーが眩しい毎日です。

そんなとき、お仕事仲間のサクラさん（漫画とおしゃれが大好き）から、
なんとも素敵な贈りものが。

自分で布に色を塗ったり絵を描いたり、
さらには使えるという布ペンと巾着袋の
トキメキセット。

これはふみさんが飛び上がりそうだと、ありがたく持ち帰ったのでした。
クレヨンでのお絵描きはすっかりお手のものなふみさんですが、
ペンを使うのははじめてです。

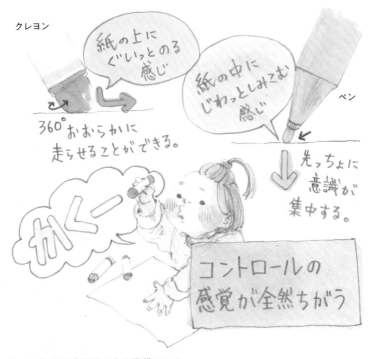

クレヨン

紙の上に
ぐいっとのる
感じ

紙の中に
じわっとしみこむ
感じ

ペン

360°おおらかに
走らせることができる。

先っちょに
意識が
集中する。

かくー

コントロールの
感覚が全然ちがう

そこで今回は練習用の布も準備のうえ、
布ペンを使ったオリジナル巾着づくりにトライすることにしました。

まずは練習用の布で……。
カラフルな12色にテンションがあがります。

徐々に慣れてきたら、
巾着袋にいよいよペンをのせていきます。

制作時間は小1時間。ペン先のコントロールとインクの加減を
楽しんでいたら、あっという間に仕上がりました。

さあ、できばえは……

このあと使えるというのも
うれしいですね。

巾着を腕に引っかける
スタイルが気に入ったらしいふみさん。
おしゃれさんのつもりで、
お城に向かうのでした。

変身かがみ

姫、ブタ、うさぎ …… かがみの向こうは夢の世界!?

赤ちゃんの頃の写真を
ふみさんに見せると……
「それは別人」と言い張ります。

だけどなんだかんだで写真が大好きな彼女は、
自分の姿を見て心底笑顔になるので、
おいたんの写真データはどんどん増え続けています。

3
章
········
お絵描き編

変身かがみ

そんなかわいい姪っこにもっと自分を見て喜んでほしいので、
今回はあっという間にできる、鏡にまつわる工作です。

画用紙をハサミで切って、動物の顔やらメガネやら、いろんなパーツをつくります。

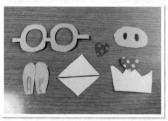

こんなふうにできた「変身かがみ」。
鏡にパーツを貼りつけてのぞくだけで、楽しい遊びになります。
さぁ、実際にのぞいてみると……？

変身した自分に大爆笑するふみさん。
いろんなパーツをペタペタ貼っては、変身を楽しむのでした。

遊びの時間はあっという間に
過ぎてしまうので……
背筋がふにゃあとなる姪っこですが、

鏡を見て自分が姫だということを思い出しました。
ママの方へ行こうとした矢先……

とっておきの
表情を見せたのでした。

ポンポン絵ハガキ

メラミンスポンジで子どももできるお手製ハンコ

暑中見舞い、クリスマスカードなど、
一筆走らせる季節になると、
ぼくの中で「消しゴムハンコブーム」がやってきます。

ちまちまっとした作業が
急にやりたくなる人。

なにか
作ってるの
はーちゃん？

察しが
いいなぁ……

① ② ③
ポン

削らずに残した部分に
インクがつくしくみ。

消しゴムをカッターで削って
模様をつけるのが、よくある「消しゴムハンコ」ですが……

どうしても自分でハンコをつくってみたくなったふみさん。

スタンプ遊びは小さな子でも簡単にできる活動ですが、
ふみさんが心惹かれたのは、
どうやらツルンと真っ白な
消しゴムの存在感のようです。

そこで、今回は「メラミンスポンジ」を
消しゴムの代用品として
使ってみることにしました。

カレーに入れるじゃがいものように、
乱切りにされたメラミンスポンジを、
カラフルなインクにポンポンとつけていきます。
（メラミンスポンジの場合、インクのノリはあまりよくあり
ません。少したっぷりめにつけるか、絵の具をつけるのがお
すすめです。また、ふわっとしたやさしい雰囲気になるので、
好みで何色か重ねるのもおすすめです。）

ポンポン絵ハガキ

工作に慣れてきたらしく、
おててが汚れるのもあまり気にしなくなったふみさん。
手を動かしながら、お口もよく動きます。

赤について熱弁する4歳。

模様をつけただけでもかわいいですが、
インクが乾いた上からお絵描きをするのもおもしろさのひとつです。

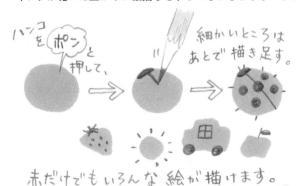

ハンコを ポン と押して、

細かいところは あとで 描き足す。

赤だけでも いろんな 絵が 描けます。

※今回は完成品をうっかり
　撮り忘れてしまいました
　が、こんな感じにスタン
　プができました。

スタンプは、ハガキに押して絵ハガキにしたり、
封筒に押して模様をつけたりして、楽しむことができます。

夏が終わる前に、つくり終えたいなぁと思ったのでした……。

階段ギャラリー

ある夜帰宅すると、我が家のリビングにこんな絵が飾ってありました。

これは一体なんだろう？
と、ママさんに尋ねてみると……

あー

ふーちゃんが
描いたの

で、
「かざって」
って言われたの。

タイトルは「朝と夜」

「なんて素敵なんだ……」と震えるぼくの横で、
涼しい顔のママさん。
最近は幼稚園が夏休みなので、
お家でよくお絵描きをしているそうです。

我が家の
安らぎの
ひととき

せっかくなので、ふみさんの作品を飾ってあげたいと考えていたところに、
ぴったりなスペースを見つけました。それが1階と2階をつなぐ「階段」。

今回は、やや殺風景なこの壁を、
ふみさんとギャラリーにアレンジしていきます。

段ボールを「ロ」の形に、
ハサミとカッターで切ります。
これが、絵の「額縁（がくぶち）」になります。

ちなみに、絵に額縁をつけるのは、
「作品を傷つけないため、保管のため」ですが、
他にこんな効果も。

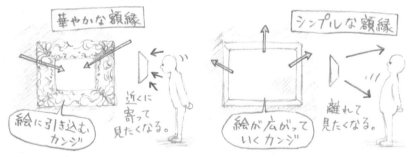

絵のタイプによっても、
使い分けられているのです。

今回は、上を見上げて登る階段に、
広がりを感じるよう、
空のような「ブルーグレー」を塗っていきましょう。

ムラなく塗れて、子どもでも扱いやすい
ポスターカラーで　　　ふみさん初絵の具。

ふだん仕事で愛用している
"NICKER"
（ニッカー）

すーっと
のびます。

絵の具はどうですか

うひひひひ

※楽しそう。

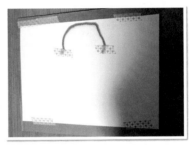

額縁の後ろに絵を貼り、
毛糸を貼りつければ、完成です。

できばえは
どうですか？

ほーーう

良さげ

良さげ？

壁にひっかけるところまでが、お楽しみ。

我が家の階段が、以前より「良さげ」になりました。

繊細なおねえちゃん、大胆ないもうと

　姉妹といってもこんなにちがうものかぁと、姪っこたちを見ながら何度も首をかしげます。こんなにちがうものなのねぇと、隣でばぁばも首をかしげます。そもそも母だってぼくと妹を育てたのだから、同じ反応では変だろうと思うのですが、「子育てなんて昔すぎて忘れた」と母はあっさりしたものです。

　例えば姉のふみさんは、小さな頃からお姫様が大好き。色は赤が一番で、ヒラヒラとキラキラも大好物。服装も毎朝こだわりがあって、ママに似たのか立派なおしゃれさんです。一方、妹のひよさんは、虫や動物が大好き。乗り物を見て歓喜し、カブトムシやクワガタのレプリカを宝物にしていました。

　てづくりの時間にも、姉妹の個性ははっきりと表れます。細かい作業をきっちりとこなすふみさん。まるで精密機械を扱うようにハサミを使い、角と角をずれなく合わせて布をたたみます。女の子を描けばその子になりきり、お姫様の境遇を思って笑ったり泣いたりします。そんな姿から、彼女が繊細な感覚のもち主で、高い美意識と感受性をもつことがわかりました。ところがひよさんを見ると一転して大胆なものです。UF〇キャッチャーよろしくクレヨンをつかみ、肩から腕をぐりーんと使って円を描きます。「〇が一個だと寂しいし、クレヨンも全部使わなきゃかわいそう」とまんべんなく色を使い、画用紙をにぎやかにしていきます。そんな様子は、彼女がとてもおおらかで広い視野をもつ、優しい女の子なのだと語っていました。

　姉と妹のちがいは、どちらもかわいく美しい個性としてぼくの目にうつっています。

第 **4** 章

つくって楽しい
食べておいしい

お料理 編

「さあみんな召ちあがれ!」
「おいしい!」の声が聞きたくて、
家族にふるまう料理には、
愛がたっぷり詰まってる。
エプロンと三角巾を身につけた姿は、
一人前のシェフのよう。
ぼくはスーシェフとして、
彼女のサポートに徹します。

ホットケーキ

ご飯の椅子に座ったままの急な歌やダンスによって、よくママさんに「落ち着いて！」と叱られる姪っこ。そして、牛乳をこぼしたある日……

ママさんの口癖を逆手に取るという荒技で、周囲をポカンとさせました。
その日は、ふみさんの朝ごはんに、
ママさんは早起きをして、ホットケーキを焼いていました。

ところが喜びすぎたふみさんの、
先ほどの牛乳騒動……。

4 章

お料理編

すっかり冷めた ホットケーキ…

本当は、アツアツを食べてほしかったに違いないママさん。

次のホットケーキの朝は、ぼくも彼女のコップに、
一段と注意を払おうと思います。

白玉だんご

赤ちゃんのほっぺのようなつるんと感がかわいい

お家時間の長い夏。
3歳の誕生日を間近に控えたふみさんに、

……を、させてあげたいという、
ざっくりしたママさんのご意向のもと。

というベタなイメージから、
小さい女の子でもできそうなお菓子の材料を買ってきました。

意気揚々と「お料理しようよ」と、
ふみさんを誘ってみたところ。

純粋な目で問われて、自分でも
「そういえば」にハタと気がつく大失態。

「白玉粉のパッケージの裏にある手順をとにかく信じて進む」作戦で、
未知の世界に飛び込むことになりました……。

4章

お料理編

「さぁ、いくよ。せーの…」の「せー」のところで、
勢いよく手を突っ込んだふみさん。

その後、四苦八苦しながら
丸めたおだんごがこちら。

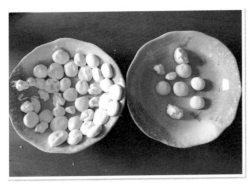

こちらが最後、どのようになったのか……。

白玉だんご

ゆでて、氷水で引き締めるところだけはぼくの担当ということで……

「乳児のほっぺた」みたいな白い子たちが大量生産されました。
その後、できあがったのは「白玉あんみつ」。

せっかくつくったんだから、夕飯後のデザートに、
家族みんなに食べてもらおうということになりました。
その日の夕飯時……

待ち遠しすぎて、ママさんに催促しまくる人。

デザートまだ？
ふーちゃんが
ちゅくったやつ
はやく〜たべ
たいのになぁ

たのしみ
だよね
え

・・・・・・・・・

満を持して出てきた白玉に狂喜したふみさんは、

しっかりその場を仕切ることも忘れませんでした。

その後、さっそく「次はなにつくる?」と尋ねる
ふみさんに、慌てて料理本をめくる日々です。

お菓子の家

冬になると気になるのが……

よく通りかかる「無印良品」の…

『組み立てる ヘクセンハウス』

憧れの「お菓子の家」。
クリスマスシーズンにつくってみたくなりますが、
食べ切れるのかちょっと心配。
ということで毎年断念してきましたが、
今年はふみさんのためという名目で購入しました。

4
章
....
お料理編

こちらも同じく、「無印良品」で購入。

家を組み立てて、お菓子で飾りつけをします。
（大人の方がワクワクする作業……、
今回はすでにクッキーにかじりついたそうな
3歳の姪っこには見学してもらいました。）

クッキーのパーツを全て
アイシングで接着させます。
ヘクセンハウスの作り方

クッキーがわれないように……

ここは大人の仕事

まだ〜？

もちろん飾りつけは、
彼女が主役。

ところが途中経過を見ると……

ふみさん
これは お菓子の家
だから…

食べられ
るんだよ

ちょっとグロテスクな気が
しないでもない……、
と横目で見ていた家族全員が
思ったにちがいないけど、
なんとか完成ということにしました。

ほら

あ〜〜ん…

食べちゃ
ダメ!!

サンタさんのお家を眺めて
満足げな姪っこに、
少し意地悪を
言ってみたところ……

ということで、しばらく我が家のリビングに、
サンタさん宅が飾られることになりました。

チョコフォンデュ

イチゴとチョコのマリアージュがたまらない

コンビニで、イチゴのパックを
ちらほら見かけるようになった今日この頃。

しばらく仕事を片づけることに必死になっていた自分を、
猛烈に反省する瞬間がありました。
久しぶりにふみさんと、イチゴをおいしく食べようじゃないかということで、
検索したところ……

チョコフォンデュ

ヒットしたのは、なんと「チョコフォンデュ」。
オシャレデザートの代表っぽくて、
正直一度も食べたことがありませんでした。

調べてみたら、チョコかけるだけ……ではもちろんありませんでしたが……
ここはふみさんに、お手伝いマンになっていただきます。

今回は、ミルクチョコと少量の牛乳をお鍋でコトコト。

姪っことおいたんの、
初チョコフォンデュ。なんとか完成です。

113

チョコフォンデュ

そして唐突にバレンタインが近いことを思い出し、

ひとつ
ください…

いや！

あ〜〜♡

ですよね…

ほろ苦い思い出もできました。

サンドウィッチ

かわいいのハードルは思ったより高かった!?

春らしいポカポカ陽気の日は、お弁当をつくって外へ出かけたくなります。
そこでお弁当づくりを気軽に提案してみたところ、

ママさんから思わぬ注文。
日頃からイヤイヤ期な我が子のため、
「かわいいお弁当」を心がけている
ママさんならではの目線でした。

調べてみると、実はいろんな工夫が隠れていたサンドウィッチ。

初チャレンジの今回は、
とにかく「具をキレイに並べる」ことを
目標にがんばることにしました。

意外ときっちり仕事をしたがるふみさん。

ママさんからの「かわいく」の注文は……

お顔をつくることでクリア！
（……したつもり。）

できあがったお弁当を包んで、ご近所さんへお散歩へ。
自分でつくったお弁当は、やっぱりひと味ちがいますね。

サンドウィッチを食す顔がなんだか似ていたそうで……（笑）

ちっちゃいりんご飴

おうちでできるお祭り気分

こちら、2歳のひよさんがお気に入りのアンパンマンのお面。

実は3年前のお祭りで、パパさんが買ってきました。

ただいまー♥

ぁー！！

ふみさん（当時1歳）

その後、お面の価格にママさんビックリ。

ん？

これで千円もするの?!

だってふーちゃんが喜ぶと思って…

叱られると思った…

4章 ‥‥‥‥ お料理編

「あのお祭りの空気が恋しいですねぇ……」なんて、世間話をしていたところ、

お祭りのスター（?)、
りんご飴がてづくりできるなんて……?!

工程をまったくイメージできないぼくに、
「いや、お祭りのおじさんもつくってるじゃん」という先輩のお言葉。

半信半疑のまま、思い切ってチャレンジしてみることに。

いつものごとく、ふみさんをてづくりパートナーに任命したところ、

ママさんのはからいで、いつもよりプロっぽい顔な姪っこ。頼もしいです。

お祭りの定番は「りんご飴」ですが、飴につける果物は、
「皮つきのもの」であれば比較的なんでも○Kなんだとか。

小さい子でも食べやすいよう、
りんごはちっちゃくカットします。

トロトロになった飴に、
皮の部分をペロッと
くぐらせていきます。

すぐに固まる飴を、
味見するのはつくり手の特権。

ちっちゃいりんご飴

完成した「ちっちゃいりんご飴たち」は、
冷蔵庫でひんやりさせて、食後のデザートになりました。

ママさんパパさんの反応は……?

どぉどぉ?

あの味だ☆

プリン

卵を割れるようになれば、もう一人前

おチビさんたちと遊んでいると、急激な眠気に襲われる……
という現象に悩まされる今日この頃。
（理由は謎ですが、たぶんパワーが吸い取られている……。）

翌日、いつもどおり仕事から帰宅したところ、

身に覚えのない人と、
ちゃんと見ていた人。

すっかりその気になっている姪っこをガッカリさせてはいけないので……

「絶対に失敗しない」というつくり方を発見しました。

「なんだかすごーーーーく料理っぽい！」
と、料理下手のぼくはプリンづくりの工程に恐怖を覚えたのですが……。

今回はけっこうフクザツな道のりのため、
作業を二手にきっちり分離。

ふみさんの初仕事は
「たまご割り」です。

もちろん最初は
おっかなびっくりですが……

と、ママさんが太鼓判を押す
ふみさんの手つきは、卵6個目にして……

彼女が割った卵の
キレイなことといったら。

ふみさんとのプリンづくりは、こんな立派な成果を生みました。

慣れないお菓子づくりにたくさんの学びがあったのでした。

番外編❷ お箸

大人の階段、はじめの一歩

先日、姪っこたちの
夕飯時に帰宅すると……

何が起こったのかと
なんとなく整理してみたところ……

実は今まで補助付きの子ども用お箸を
使っていたふみさんでしたが、
「もう4歳になったし、そろそろ」ということで、
普通のお箸にバトンタッチしてみたんだとか。

ところが補助なしのお箸は、
どうやらケタ違いに
難しかったようです。

その日、ついに食卓に戻れなかった姪っこは、
ママが握ってくれたオニギリを切ない顔で
食べていました。
そういえば、今まで彼女といろんな道具を
使ってきましたが……

自分はどうやってお箸を覚えたのか、
世間様ではどう教えているのか、
さっぱり知りません。
本屋さんに通ってあれこれ調べてみたものの、
この大きなハードルの飛び越えかたは、
どこにも載っていないのでした。

ところがこの出来事から
2週間ほど。

同じ時間に帰宅した
ぼくの目の前に……

見えないところで、一つのハードルを越えたらしいふみさん。
そしてその横に、おそらく励ましながら
忍耐強くチャレンジさせたであろうママさんの姿があり、
ぼくは勝手に、じんわり感動したのでした。

内のテキスト：
ハサミ
えのぐ
テープ
クレヨン
えんぴつ
お箸は とびきり
難しいのかも
しれません
だっこ!!

内のテキスト：
あれ?
なんか
飛べちゃ
った…

おわりに　今日はなにして遊ぶ？

　2022年の暮れ、ぼくは研究環境の変化のため実家を出ることになりました。月に一度はたっぷりと楽しんでいた工作も、これで終了。ちょうど子育てで最も手のかかる時期を乗り越え、慌ただしかった妹夫婦にも笑顔が戻っていました。お手伝い要員だったおいたんも、お役御免です。(「HugMug」さん企画の連載漫画も、これを機に休載となりました。)

　一人暮らしに新天地。突然広い部屋と膨大な業務が降ってきたぼくは、あっという間に「ずっと一人で生きてきました」という顔の仕事人になりました。もともと物欲もなく、淡々と研究にのめり込むぼくの体質は、生活をどんどんシンプルにしました。整理整頓しなくてもがらんとスペースの空いた部屋。自分以外の気配のない夜。「今日はなにして遊ぶ？」といたずらをたくらむ小さな子たちを思い出す瞬間は、なんだか無気力さに襲われました。

　ところがある日、ばぁばからの電話でぼくは飛び上がりました。

　「来月は帰ってこない？　また一緒に工作するんだってあの子たち、待っているんだけど」

　聞けば「あれをやりたい、これをつくりたい」と計画を練っているのだそうです。ぼくはちょっと耳を疑い、少しずつその意味を飲み込みながらわかった事実に泣きそうになりました。姪っこたちは、どうやらあのてづくり時間をとても楽しんでいたのです。そしておいたんが家にいようがいまいが、

彼女たちの日常の中に、「描く・つくる」ことがすっかり遊びとして定着していたらしいのです。それはまず、美術の先生としてこれ以上ない喜びでした。次に一人の人間として、特に子育て経験のないぼくにとって、幼い生命に何かをバトンタッチすることができたというささやかな事実に、例えがたい幸せを感じたのでした。

　改めて、「子どもってすごい。そしてお互いを認め、夫婦になろうと決め、失敗しながらも子育てに向き合う妹夫婦は本当にすごい」と気づきました。「先生」と呼ばれるぼくの仕事なんて、研究なんて、なんてことありません。小さな姪っこたちが遊びの中で反応し、感情をむき出しにしながら教えてくれたことの方が、どれだけ多かったことか。ぼくは人生の喜びや味わい、美術の原点のようなものが、不器用な家族の中にわかりにくく詰まっているのだと学びました。

　それからばぁばは、定期的に彼女たちの「てづくり」の様子を動画で送ってきます。帰省は多くありませんが、帰ったら必ず姪っこたちと何かつくろうと決めています。

　次に帰るのはまだちょっと先。そのときはなにをして遊ぼうかなと考えるだけで、ふわっと浮足立つのを感じます。

イトウ ハジメ

大学で教壇に立ち、美術を教えている。その傍ら
で、美術に対する苦手意識、つまずきなどについ
ての研究を行う。インスタグラムで日常を切り取っ
たイラストを投稿し、注目を集め、自身の美術
学生時代の頃や、溺愛する姪っ子たちとの日常を
綴ったコミックエッセイを刊行。著書に『イトウ
先生の世界一わかりやすい美術の授業』(光文社)、
『美術学生イトウの足跡』『ぼくとフキゲンな怪獣
と』(ともにイースト・プレス)、『イトウ先生、授
業の時間です。』(KADOKAWA)など。

※本書はWebサイト「Hug Mug」で2020年5月から
　2023年3月まで連載された「ぼくと姪っこのてづ
　くり時間」を大幅に加筆修正、再構成したものです。

ぼくと姪っこのてづくり時間

2024年6月10日　初版発行

著　者　イトウハジメ
発行者　安部順一
発行所　中央公論新社
　　　　〒100-8152　東京都千代田区大手町1-7-1
　　　　電話　販売　03-5299-1730
　　　　　　　編集　03-5299-1740
　　　　URL　https://www.chuko.co.jp/
装　幀　狩野聡子 (tri)
印　刷　大日本印刷
製　本　小泉製本

©2024 Hajime ITO
Published by CHUOKORON-SHINSHA, INC.
Printed in Japan　ISBN978-4-12-005794-6 C0095